嗨，小朋友，

我们选个什么时间见面？

我这里有2500多年的沧海桑田；

我这里有帝王、科学家、水手等人物的往日传奇；

我这里有影响中国的大事件。

我是跨越南北的工程奇迹，你可以在东部平原找到我。

我叫中国大运河。

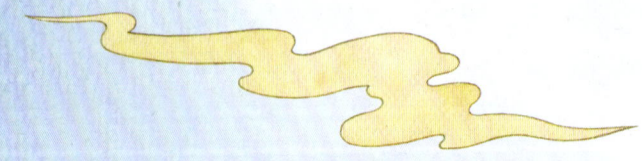

遗产会说话故事绘本

我就是中国大运河

Hayako 绘　　新开明 编

广东旅游出版社
GUANGDONG TRAVEL & TOURISM PRESS
悦读书·悦旅行·悦享人生

中国·广州

我躺在中国这片大地上2500多年了。
我的身体长到3000多公里了。

这么大的年纪！这么长的体形！
你是不是很好奇，我到底是谁？
现在，我就以"老人家"的耐心，跟你
好好聊一聊。

我们可以聊些什么呢?

让我想想。

可以聊天南地北;可以聊2500多年来的沧海桑田;

可以聊帝王、科学家、水手……

说起来,这些其实都与我有关呢。

2500多年前，中国历史正处于东周时期，也叫作春秋时代。

那时候有很多诸侯国，而那些有实力的国君，都争抢着要当上"中原霸主"。

吴王夫差正是这么一个野心勃勃的人。

淮

河

邗

沟

吴

长 江

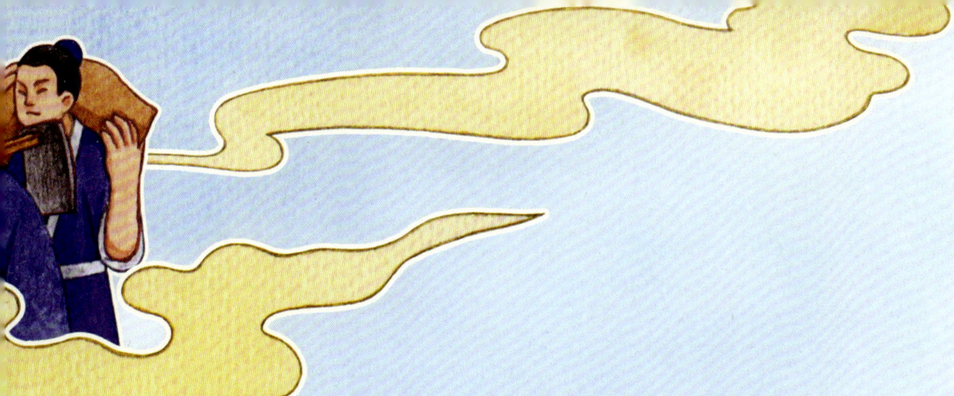

为了打败北方强敌，当上"霸主"，夫差特地挖了一条水路，叫作邗沟。

原来吴国拥有强大的水军，还擅长开河、造船、航运。公元前486年，吴国人纷纷举起铁锹，开挖邗沟，希望打起仗时，这条水路能帮他们快速运输物资。

吴国人想不到的是，邗沟的诞生没能帮夫差当上"霸主"，十几年后吴国甚至灭亡了，夫差竟成了"亡国之君"。

不过，邗沟本身没有错。吴国消失了，两个千年古城却诞生了。

邗沟北边那头有个著名城市，后来叫作淮安，淮河从这里经过。

邗沟南边那头有个更著名的城市，后来叫作扬州，长江从这里经过。

吴国人挖的邗沟，其实就是要把长江和淮河连起来，中间还串起一个个湖泊。

这条人工挖掘的水路，现在就叫作"淮扬运河"。

它有170多公里长，自它诞生之后，两岸交通便利，城市繁荣。

"亡国之君"夫差一定想不到，他阴差阳错竟留下了一个历史功绩。

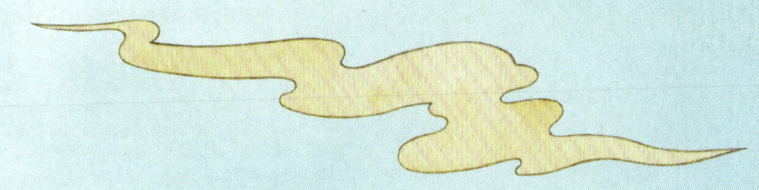

现在，我们已经讲完了第一个重要人物。

接下来我们要讲一个大名鼎鼎的人物。

他之所以大名鼎鼎，可能因为他也是一个"亡国之君"。

这个人就是隋炀帝。

隋炀帝当上皇帝时，中国南北统一，国力强盛。

但这是一个爱打仗、爱大兴土木的皇帝。

他下令修大运河，让水路从洛阳向南一直通到江都——也就是扬州；向北一直通到涿郡——也就是现在的北京。

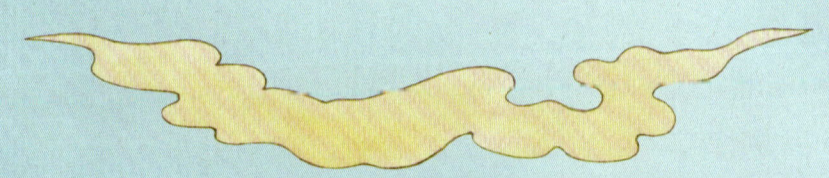

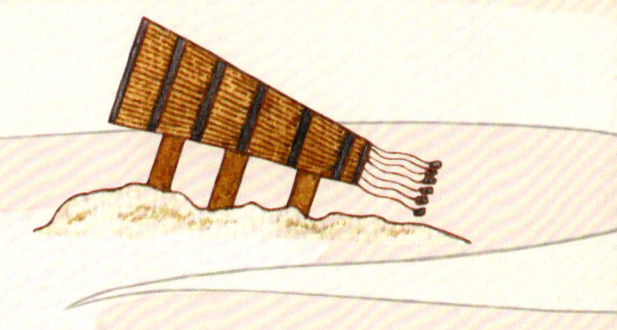

公元605年，百万人开挖通济渠。

公元608年，百万人开挖永济渠。

公元610年，又有几十万人挖凿江南运河。

洛阳到扬州的水路修通之后，隋炀帝兴致勃勃地带上一大堆人，乘上巨大的龙舟、楼船，浩浩荡荡地一路游玩到美丽的扬州去。

但几年后，隋朝便迎来了农民起义。

天下大乱，隋炀帝自杀而亡，隋朝灭亡。隋炀帝成了著名的"亡国之君"。

但几百万百姓的辛劳没有浪费。

他们修的运河一直从北京通到杭州，叫作"隋大运河"。唐朝又修整、开凿，变成了"隋唐大运河"。

这条大运河连起了永济渠、通济渠、邗沟、江南运河和天然河道、湖泊，成了古代的南北交通大动脉。

我们已经聊到了皇帝，聊到了辛苦的百姓，

现在我们来聊聊另一类重要人物。

你一定会很感兴趣。

他们便是古代的科学家。

时间来到了元代，那时的都城是大都——也就是北京。

因为朝廷迫切需要从南方运粮到大都，皇帝忽必烈派了郭守敬治理大运河。

这位郭守敬，便是元代著名的天文学家、数学家、水利工程专家。

郭守敬花了一年时间修了通惠河，让船只可以直达京城内。

这条运河只有大约82公里，但非常重要。

大运河的最终码头变成了积水潭东北岸（积水潭后来改名什刹海），岸上满是商店、旅馆、酒楼、茶肆，这儿成为大都最热闹繁华的地方。

最重要的是，粮食和货物可以源源不断运进大都，不用再走一段陆路。

　　修通惠河时，因为要让船只逆流而上，郭守敬想出了"梯级通航法"。他在河上修建了很多水闸，用来调节水位，这样船只便可以由低处往高处走了呢。

郭守敬还在山东修了另一段运河——会通河。会通河有30多座石闸，每个石闸都设计得十分巧妙，科学实用又雄伟壮观。人们干脆把会通河称为"闸河"。

南旺分水枢纽

分水闸

节制闸

泄水闸

南旺分水枢纽示意图

除了郭守敬，还有其他科学家、水利工程专家，比如有人设计南旺分水枢纽、有人设计长安闸、有人解决穿越长江黄河的难题……很多奇思妙想在这个伟大的古代工程中出现。

清口枢纽

长安闸构造示意图

全国重点文物保护单位

长安闸

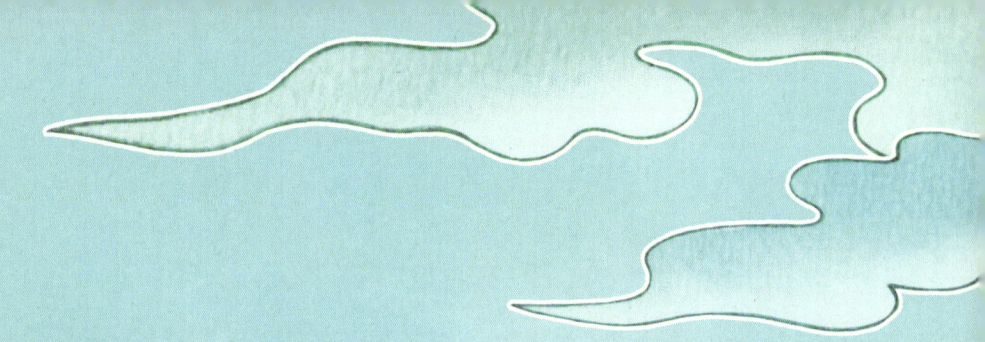

　　元代新开的通惠河、会通河、济州河，其实是把原先的京杭大运河"拉直"。

　　改成直线后，元代京杭大运河全长1794公里，比隋代京杭大运河缩短了900多公里，来往更快速了。

　　它沟通了海河、黄河、淮河、长江、钱塘江五大水系，是一条繁忙的南北水道。

这条新的京杭大运河，在后来的明、清时代，也是非常重要的生命线。

运河边城市繁荣，人们把淮安、扬州、苏州、杭州称作运河沿线"四大都市"。

繁忙的码头百货云集，"大运河第一码头"——张家湾码头甚至建起了许多巨型仓库。

如今京杭大运河依旧通航，它的河道分成了七段——通惠河、北运河、南运河、鲁运河、中运河、里运河、江南运河。有些改了名字，有些还是以前的老名字呢。

从杭州再往东，还有一条2400多年前就出现的运河，叫作"浙东运河"。

在争夺"霸主"的春秋时代，它其实是越国的"山阴故水道"。

后来人们又不断地整修，这条美丽的运河变成了可以灌溉、防洪、运输的水上大动脉。

浙东运河

你或许会有疑问，为何我要特地讲这几条运河呢？

因为正是隋唐大运河、京杭大运河和浙东运河合在

一起，造就了3000多公里的我啊！

跨越地球10多个纬度，沟通海河、黄河、淮河、长江、钱塘江五大水系，流经北京、天津、河北、山东、河南、安徽、江苏、浙江8个省和直辖市——这便是我，一条拥有2500多年历史的运河。

你以为故事就这么完结了么?
不,有一类有趣的人物,我还没有讲呢!
他们便是水手。

你有没有想过一个问题,从唐代开始,我的存在既不是为了打仗,也不是为了游玩,那我的使命究竟是什么呢?

作为古代的国家工程,我有一项重要任务——运粮。古人利用水道调运公粮,还有一个专门名称,叫作"漕运"。

古代还有专门掌管运河漕运的官员,叫"漕运总督",还有负责管理运河水利的官员,叫"河道总督"。

但我想讲的人是水手。

他们随着船只出现，官府甚至允许他们做生意。

于是，水手们会带来各地的土特产，当船只停下时，便上岸去售卖；还可以买上新的土特产，又带到下一站售卖。

　　运河上的漕船和商船带来了两岸的繁荣。

　　每当船只靠岸，水手们上岸做买卖。南北货堆积如山，岸上人流如织，就像赶上了盛会似的。

　　苏杭的丝绸、景德镇的瓷器、佛山的铁锅、安徽的茶叶，还有食盐、城砖等等，都可以在运河上流通。

　　天津、德州、临清、济宁、淮安、扬州、苏州……这些沿河城市是船只停泊贸易的城市，成了著名的集散地。

　　繁忙的码头让人眼界大开。

　　轰轰烈烈的漕运如今虽然没有了，但大运河依旧是人们来往、工作、旅行的地方，甚至在新时代的国家工程——"南水北调工程"中发挥了作用。

　　我成了无数人的家园和风景，成了全中国人的大运河。

其实，无论是隋唐大运河、京杭大运河还是浙东运河，
都不是隋炀帝、郭守敬或者谁凭空新挖出来的，他们也是在
许多前人所挖的运河上改造、新增而成的。
　　所以我觉得，从一开始，我其实便是所有人的运河呢。

请记住我的名字，我就是

中国大运河！

大运河贸易会

全国重点文物保护单位
长安闸

① 漕船来啦！

漕船

大运河上有官船和民船。官船运送漕粮、盐、铜、木材等物资，据说明清时期，每年行走在运河之上的漕船有约1万艘。朝廷还规定漕船可以携带土特产，沿途可做交易，还能免纳税呢。

② 有没有新鲜货呀？

③ 有！想要什么全都有！

运河经济带

漕船从南方带来丝绸、茶叶、瓷器、铁器、木材、纸张等；从北方带来棉花、果品等。随着漕船往来，南北货品流通，沿途交流活跃，著名的运河经济带就这样形成了。

水手

漕船的水手可以顺路做生意，除了漕粮，漕船上有一定仓位可以给水手们存放货品。政府不但准许他们交易，以贴补收入，还给他们免税。

⑤ 来自北方的特产，快来尝鲜！

④ 手快有，手慢无！

南北货

运河旁交易的货品，有南方的瓷器、丝绸、木材、大米、白糖、水果、茶叶等，有北方的大麦、大豆、红枣、核桃、石料、煤炭等。

⑥ 扬州大市场，想要啥都有……

⑦ 最南方的大米，快来把我带走！

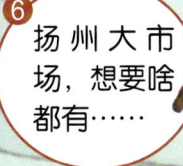

南北货物集散地

扬州是大运河沿途重要城市，也是南北货品集散地，正是因为有了大运河，天津、德州、临清、济宁、淮安、扬州、苏州等沿河城市都欣欣向荣。

⑧ 我记得岭南才是最南方？

岭南

我国南方五岭以南地区的概称，也就是今天的广东、广西一带。

9 不好意思，大运河暂时没有开通到岭南。

10 大人还想开通到岭南？嫌我们不够累？

开凿大运河

大运河是中国东部平原上的伟大工程，是世界上最长的运河，世界上开凿最早、规模最大的运河，耗费了无数人力物力。

大运河路线

大运河最北到北京，最南到宁波，没有到达岭南地区。大运河最南端的地理标志是位于杭州的拱宸桥。

11 让我看看是谁在喊累。

隋炀帝

隋炀帝杨广是隋朝第二位皇帝，在位期间征发百万民工，花了5年时间凿通大运河。隋炀帝好大喜功，滥用民力，在历史上留下了暴君的骂名，最终身死国灭。

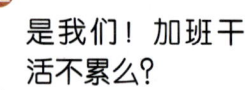

12 是我们！加班干活不累么？

大运河的功过

隋炀帝开凿大运河，民怨沸腾，导致农民起义此起彼伏，隋朝二世而亡。但大运河的开通，沟通了南北，为后世的繁荣起了铺垫作用。

⑬ "尽道隋亡为此河，至今千里赖通波。若无水殿龙舟事，共禹论功不较多。"

⑭ 你人还怪好的嘞，帮隋炀帝讲话。

大运河的功绩

　　大运河的开凿、修补，让朝廷权力触及江南，江南成为封建王朝取之不尽的财富宝库。"东南四十三州地，取尽脂膏是此河。"

　　随着历史的发展，大运河成了政治之河、经济之河、文化之河，影响着整个国家。

　　大运河工程本身也很有价值，古代工程学家的智慧在此体现。

郭守敬

　　元朝著名天文学家、数学家、水利工程专家，郭守敬修治了通惠河，让船只可以通行至北京什刹海，在积水潭码头卸货。北京故宫的建设，就是利用这条河，运来了全国各地的人员和物资。

　　郭守敬还主持开凿京杭大运河，以隋唐大运河为基础，裁弯取直。

　　除了水利，他还在天文、历法、数学等方面取得卓越成就，为了纪念他，国际天文学会将月球上的一座环形山命名为"郭守敬环形山"。

⑮ 辛苦了，各位。我想把大运河拉直，还需要什么治河工具，尽管报给我！

图书在版编目（CIP）数据

我就是中国大运河 / Hayako 绘；新开明编 . —广州：广东旅游出版社，2023.10
（遗产会说话故事绘本）
ISBN 978-7-5570-3135-0

Ⅰ . ①我… Ⅱ . ① H… ②新… Ⅲ . ①大运河—中国—儿童读物 Ⅳ . ① K928.42-49

中国国家版本馆 CIP 数据核字 (2023) 第 162578 号

出 版 人：刘志松
策划编辑：方银萍
责任编辑：方银萍
装帧设计：谭敏仪
责任校对：李瑞苑　黄文健　黄　琳
责任技编：冼志良

我就是中国大运河
WO JIUSHI ZHONGGUO DAYUNHE

出版发行：广东旅游出版社
　　　　　（广州市荔湾区沙面北街71号首层、二层）
邮　　编：510130
邮购电话：020-87347732（总编室）　020-87348887（销售热线）
投稿邮箱：2026542779@qq.com
印　　刷：佛山家联印刷有限公司
　　　　　（佛山市南海区桂城街道三山新城科能路10号自编4号楼三层之一）
开　　本：889毫米×1194毫米　20开
印　　张：2.8
字　　数：20千字
版　　次：2023年10月第1版
印　　次：2023年10月第1次印刷
定　　价：39.50元

扫码听听
我们的故事